SI TU ES UN MONSTRE AFFREUX...

Catalogage avant publication
de Bibliothèque et Archives Canada

Emberley, Rebecca
Si tu es un monstre affreux-- / Rebecca Emberley,
auteure ; Ed Emberley, auteur/illustrateur ;
texte français d'Isabelle Montagnier.

Traduction de: If you're a monster and you know it.

ISBN 978-1-4431-1429-5

1. Chansons enfantines anglaises--États-Unis--Textes--
Traductions françaises. I. Emberley, Ed
II. Montagnier, Isabelle III. Titre.

PZ24.3.E63Si 2011   j782.42   C2011-901787-3

Édition publiée par les Éditions Scholastic,
604, rue King Ouest, Toronto (Ontario) M5V 1E1

5 4 3 2 1   Imprimé à Singapour 46   11 12 13 14 15

Les illustrations ont été faites à l'aide de Freehand.
La conception graphique du livre est de Rebecca Emberly.

Rebecca Emberley et Ed Emberley

SI TU ES UN MONSTRE AFFREUX...

Texte français d'Isabelle Montagnier

Si tu es un monstre affreux, grogne et gronde
Si tu es un monstre affreux, grogne et gronde
Si tu es un monstre affreux
La terreur des grands peureux
Si tu es un monstre affreux, grogne et gronde!

Si tu es un monstre affreux, claque des griffes
Si tu es un monstre affreux, claque des griffes
Si tu es un monstre affreux
La terreur des grands peureux
Si tu es un monstre affreux, claque des griffes!

Si tu es un monstre affreux, tape des pattes
Si tu es un monstre affreux, tape des pattes
Si tu es un monstre affreux
La terreur des grands peureux
Si tu es un monstre affreux, tape des pattes!

POUM

POUM

Si tu es un monstre affreux, remue la queue
Si tu es un monstre affreux, remue la queue
Si tu es un monstre affreux
La terreur des grands peureux
Si tu es un monstre affreux, remue la queue!

Si tu es un monstre affreux, montre les crocs
Si tu es un monstre affreux, montre les crocs
Si tu es un monstre affreux
La terreur des grands peureux
Si tu es un monstre affreux, montre les crocs!

Si tu es un monstre affreux, rugis très fort
Si tu es un monstre affreux, rugis très fort
Si tu es un monstre affreux
La terreur des grands peureux
Si tu es un monstre affreux, rugis très fort!

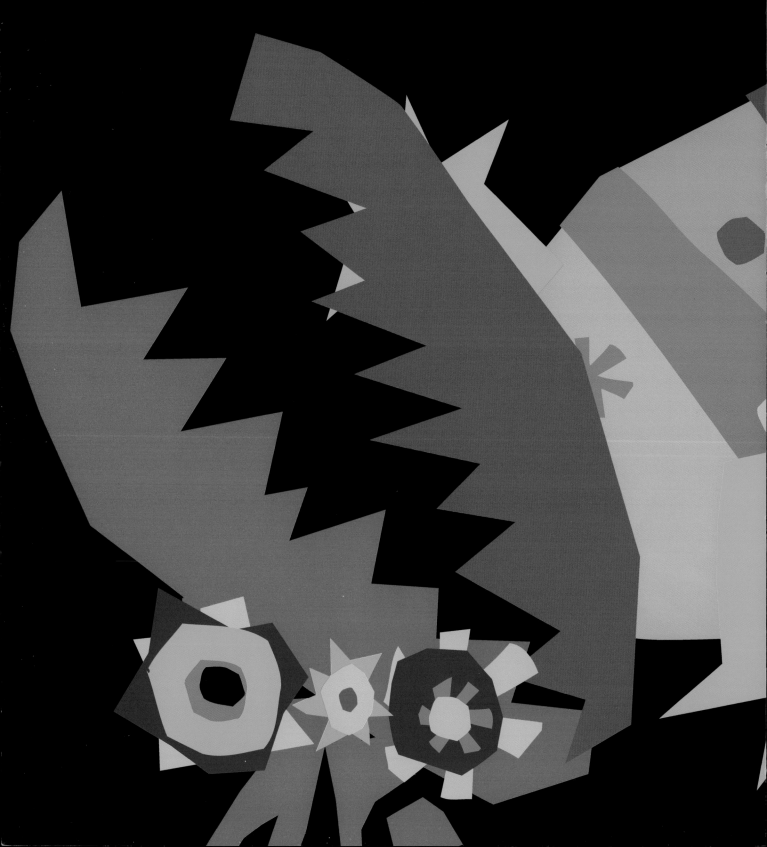

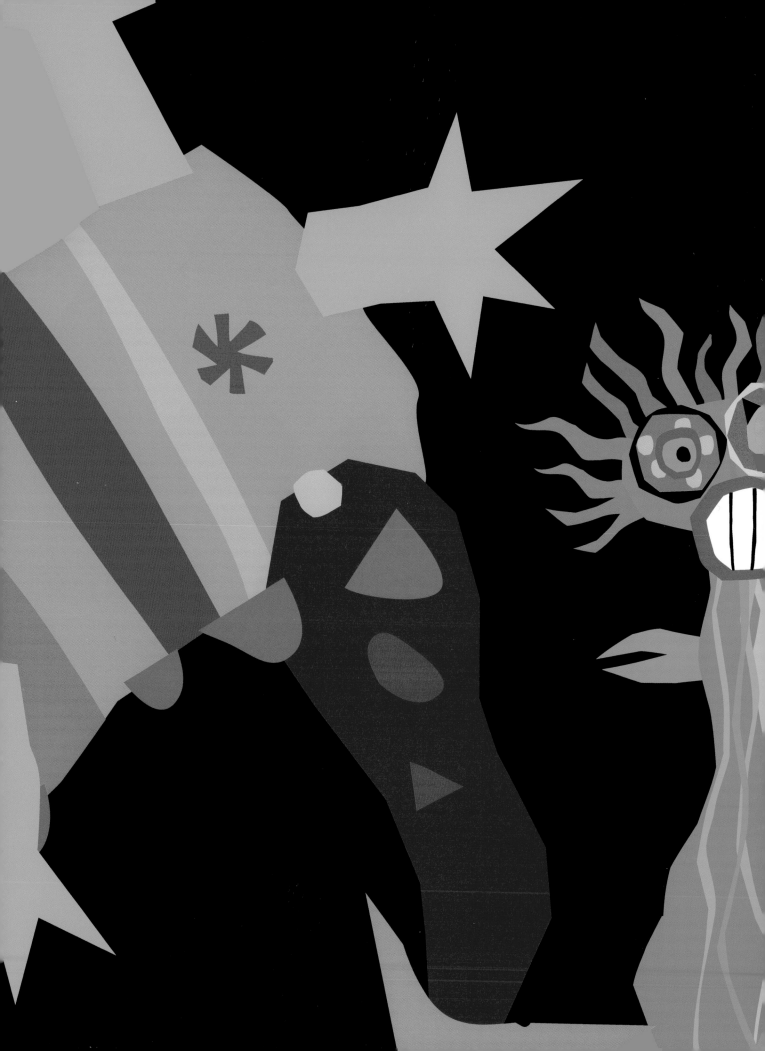

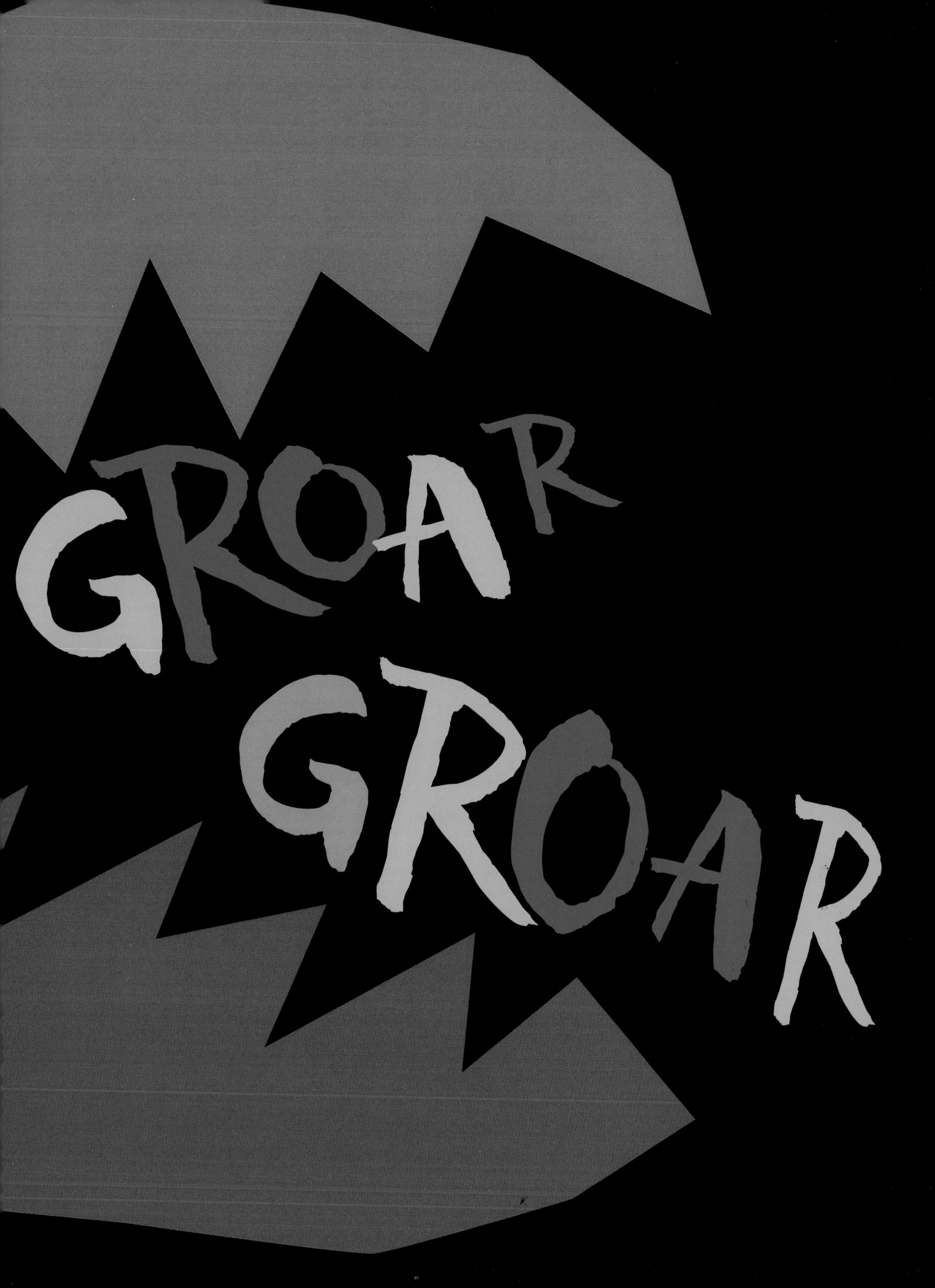
GROAR
GROAR

Si tu es un monstre affreux, fais tout ça!

GRRR GRRR

CLAC CLAC

POUM POUM

FLIC FLIC

HIII HIII

GROAR

GROAR

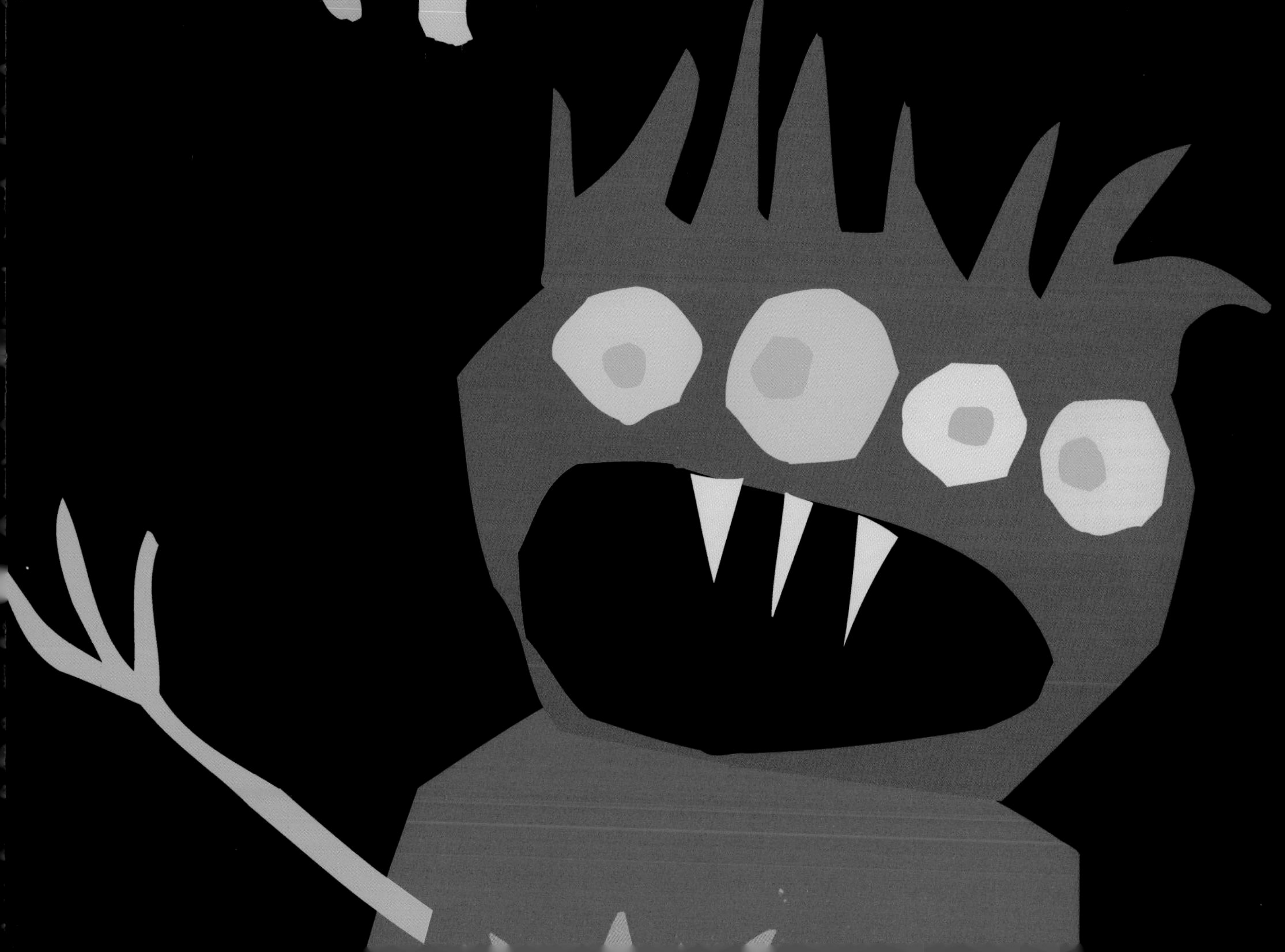

Si tu es un monstre affreux, fais tout ça!

GRRR CLAC POUM FLIC HIII GROAR
GRRR CLAC POUM FLIC HIII GROAR

Si tu es un monstre affreux
La terreur des grands peureux

Et maintenant, recommence!

Si tu es un monstre affreux, fais tout ça!

GRRR CLAC POUM FLIC HIII GROAR
GRRR CLAC POUM FLIC HIII GROAR

Si tu es un monstre
affreux, fais tout ça!

GRRR
GRRR
CLAC
CLAC

POUM
POUM

FLIC
FLIC

HIII
HIII

GROAR
GROAR